school - школа	2
reis - падарожжа	5
transport - транспарт	8
stad - горад	10
landschap - краявід	14
restaurant - рэстаран	17
supermarkt - супермаркет	20
drankjes - напоі	22
eten - ежа	23
boerderij - сядзіба	27
huis - дом	31
woonkamer - жылы пакой	33
keuken - кухня	35
badkamer - ванная	38
kinderkamer - дзіцячы пакой	42
kleding - адзенне	44
kantoor - офіс	49
economie - эканоміка	51
beroepen - прафесіі	53
werktuigen - інструменты	56
muziekinstrumenten - музычныя інструменты	57
zoo - заапарк	59
sporten - спорт	62
activiteiten - дзейнасць	63
familie - сям'я	67
lichaam - цела	68
ziekenhuis - шпіталь	72
noodgeval - экстраная дапамога	76
aarde - Зямля	77
klok - гадзіннік	79
week - тыдзень	80
jaar - год	81
vormen - формы	83
kleuren - колеры	84
tegengestelden - супрацьлегласці	85
cijfers - лічбы	88
Talen - мовы	90
wie / wat / hoe - хто / што / як	91
waar - дзе	92

AF194743

Impressum
Verlag: BABADADA GmbH, Nedderfeld 112 , 22529 Hamburg
Geschäftsführer / Verlagsleitung: Harald Hof
Druck: Books on Demand GmbH, In de Tarpen 42, 22848 Norderstedt

Imprint
Publisher: BABADADA GmbH, Nedderfeld 112 , 22529 Hamburg, Germany
Managing Director / Publishing direction: Harald Hof
Print: Books on Demand GmbH, In de Tarpen 42, 22848 Norderstedt

school

школа

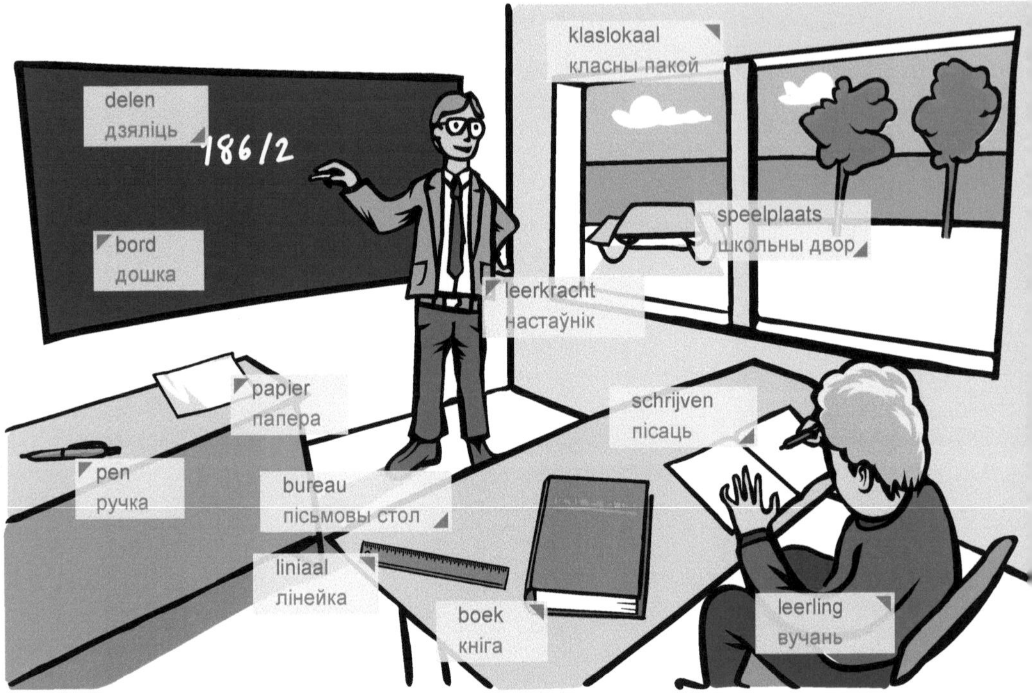

klaslokaal
класны пакой
delen
дзяліць
186/2
bord
дошка
speelplaats
школьны двор
leerkracht
настаўнік
papier
папера
schrijven
пісаць
pen
ручка
bureau
пісьмовы стол
liniaal
лінейка
boek
кніга
leerling
вучань

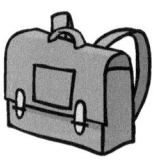

schooltas

ранец

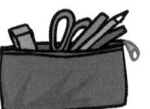

pennenzak

пенал

potlood

просты аловак

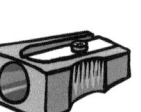

puntenslijper

тачылка для алоўкаў

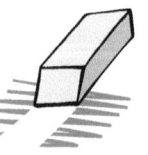

gom

гумка

tekenblok

альбом для малявання

tekening

малюнак

verfborstel

пэндзлік

verfdoos

фарбы

schaar

нажніцы

lijm

клей

werkboek

сшытак

huiswerk

хатняе заданне

nummer

лік

optellen

дадаваць

aftrekken

адымаць

vermenigvuldigen

множыць

rekenen

лічыць

letter

літара

alfabet

алфавіт

woord

слова

tekst

тэкст

Lezen

чытаць

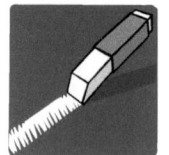

krijt

крэйда

les

ўрок

klassenboek

класны журнал

examen

экзамен

certificaat

атэстат

schooluniform

школьная форма

onderwijs

адукацыя

encyclopedie

энцыклапедыя

universiteit

універсітэт

microscoop

мікраскоп

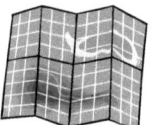

kaart

карта

papiermand

смеццевы кошык

reis

падарожжа

hotel
гатэль
Grand
jeugdherberg
хостэл
ROOMS
€CHANGE
wisselkantoor
абменны пункт
koffer
чамадан
auto
аўтамабіль

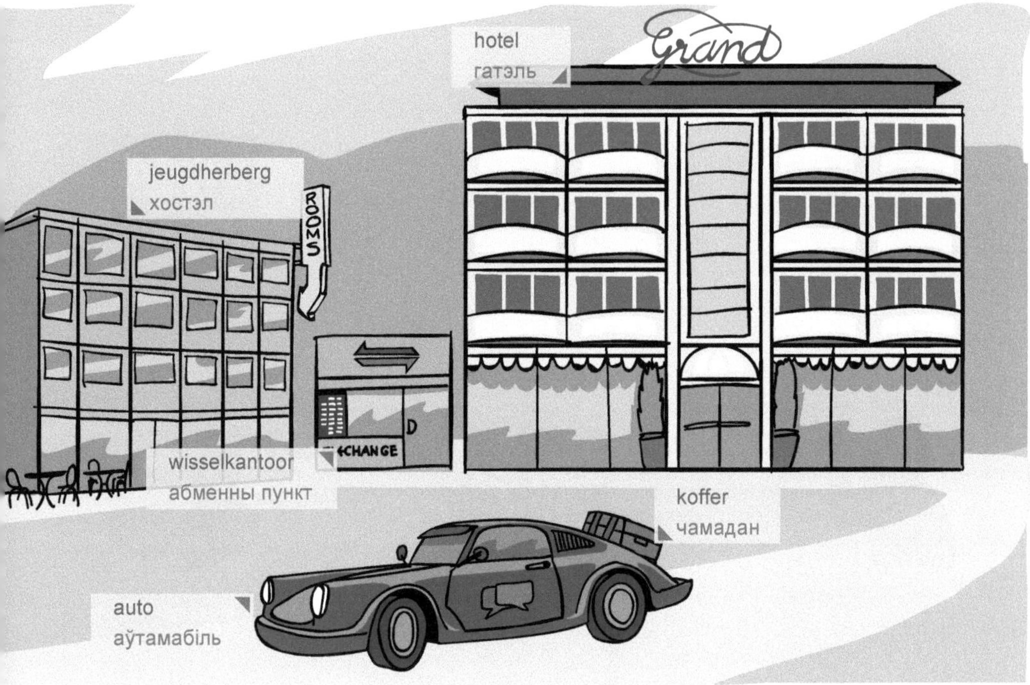

Taal

мова

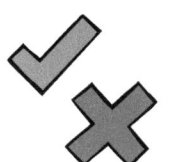

ja / nee

так / не

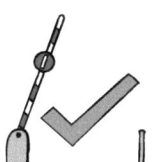

oké

добра

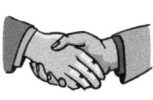

hallo

прывітанне!

vertaler

перакладчык

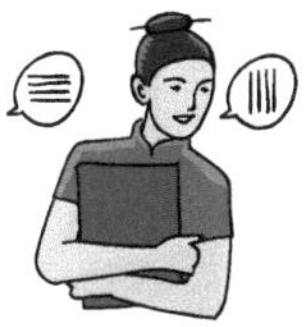

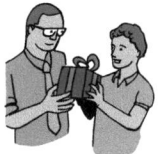

bedankt

дзякуй

Hoeveel kost …?

Колькі каштуе….?

Ik begrijp het niet

я не разумею

probleem

праблема

Goedenavond!

Добры вечар!

Goedemorgen!

Добрай раніцы!

Goedenavond!

Дабранач!

Tot ziens

да пабачэння

richting

кірунак

bagage

багаж

zak

сумка

rugzak

заплечнік

gast

госць

kamer

пакой

slaapzak

спальны мяшок

tent

палатка

toeristeninformatie

інфармацыя для турыстаў

strand

пляж

kredietkaart

крэдытная картка

ontbijt

снеданне

lunch

абед

avondeten

вячэра

ticket

праязны білет

lift

ліфт

postzegel

паштовая марка

grens

мяжа

douane

мытня

ambassade

пасольства

visum

віза

paspoort

пашпарт

transport
транспарт

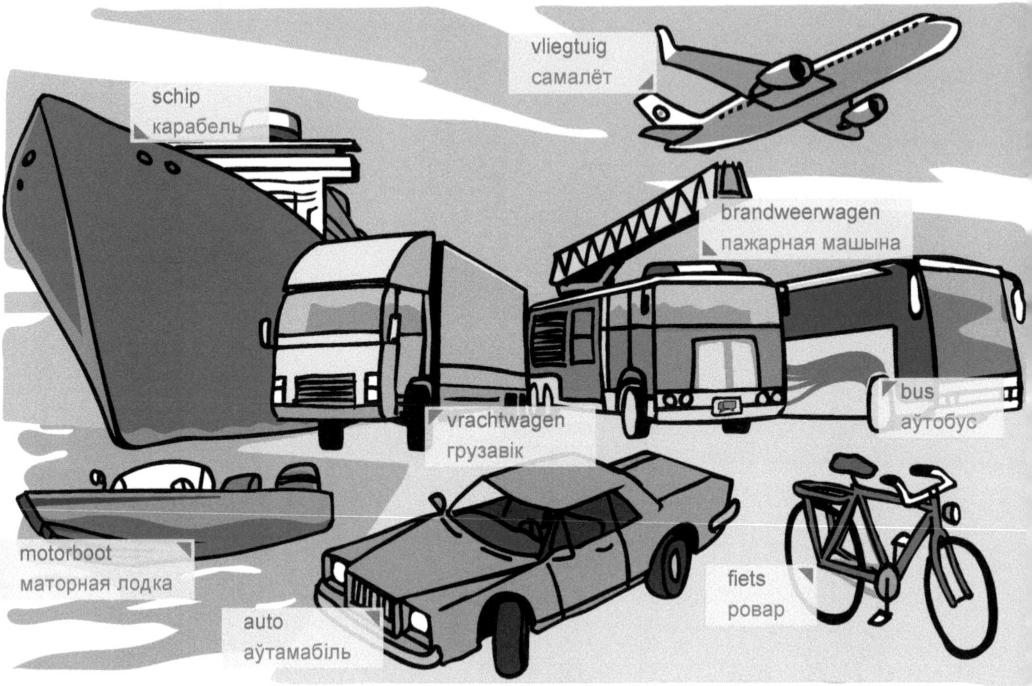
vliegtuig
самалёт
schip
карабель
brandweerwagen
пажарная машына
bus
аўтобус
vrachtwagen
грузавік
motorboot
маторная лодка
fiets
ровар
auto
аўтамабіль

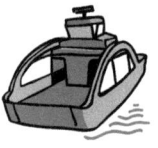

veerboot

паром

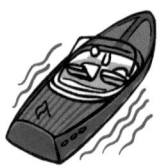

boot

лодка

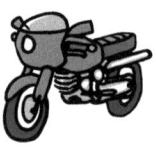

motor

матацыкл

politiewagen

паліцэйская машына

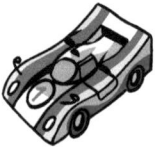

racewagen

гоначны аўтамабіль

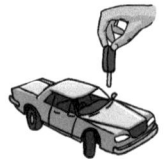

huurauto

арэндаваны аўтамабіль

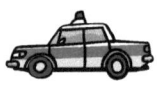

carpoolen

сумеснае карыстанне аўтамабілем

sleepwagen

эвакуатар

vuilniswagen

смеццявоз

motor

матор

benzine

паліва

benzinestation

запраўка

verkeersbord

дарожны знак

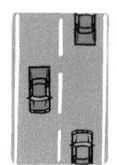

verkeer

дарожны рух

file

затор

parkeerplaats

паркоўка

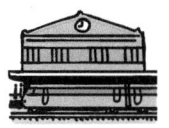

station

чыгуначная станцыя

sporen

рэйкі

trein

цягнік

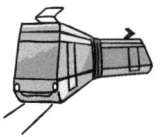

tram

трамвай

wagon

вагон

helikopter
верталёт

luchthaven
аэрапорт

toren
вежа

passagier
пасажыр

container
кантэйнер

karton
кардонная скрыня

kar
тачка

mand
карзіна

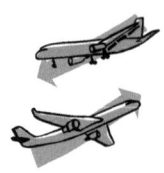

opstijgen / landen
ўзлятаць / прызямляцца

stad
горад

dorp
вёска

stadscentrum
цэнтр горада

huis
дом

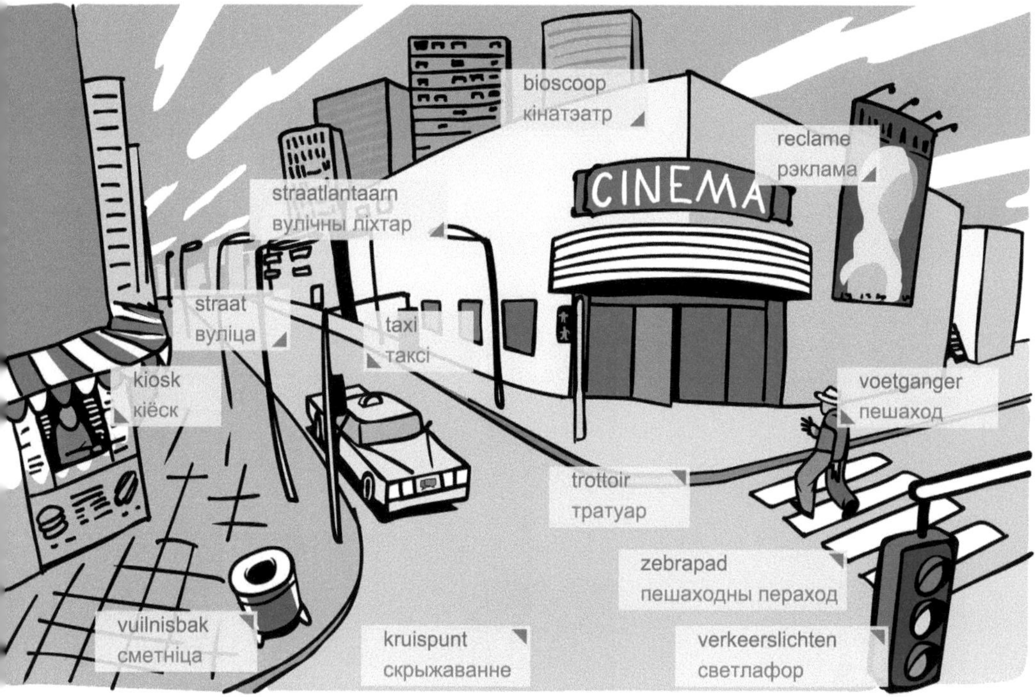

bioscoop
кінатэатр

reclame
рэклама

straatlantaarn
вулічны ліхтар

CINEMA

straat
вуліца

taxi
таксі

kiosk
кіёск

voetganger
пешаход

trottoir
тратуар

zebrapad
пешаходны пераход

vuilnisbak
сметніца

kruispunt
скрыжаванне

verkeerslichten
светлафор

hut

халупа

woning

кватэра

station

чыгуначная станцыя

stadshuis

ратуша

museum

музей

school

школа

universiteit

універсітэт

bank

банк

ziekenhuis

шпіталь

hotel

гатэль

apotheek

аптэка

kantoor

офіс

boekwinkel

кнігарня

winkel

крама

bloemenwinkel

кветкавая крама

supermarkt

супермаркет

markt

кірмаш

warenhuis

універмаг

vishandelaar

рыбная крама

winkelcentrum

гандлевы цэнтр

haven

порт

park

парк

bank

лава

brug

мост

trap

лесвіца

metro

метро

tunnel

тунэль

bushalte

прыпынак

bar

бар

restaurant

рэстаран

brievenbus

паштовая скрыня

straatnaambord

вулічны паказальнік

parkeermeter

паркамат

zoo

заапарк

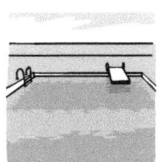

zwembad

басейн

moskee

мячэць

boerderij

сядзіба

milieuverontreiniging

забруджванне
навакольнага асяроддзя

kerkhof

могілкі

kerk

царква

speelplaats

пляцоўка для гульні

tempel

храм

landschap

краявід

blad
ліст

wegwijzer
паказальнік

weg
дарога

weide
луг

steen
камень

boom
дрэва

wandelaar
падарожнік

rivier
рака

gras
трава

bloem
кветка

vallei

даліна

heuvel

гара

meer

возера

bos

лес

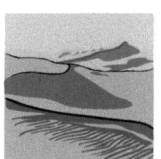

woestijn

пустыня

vulkaan

вулкан

kasteel

замак

regenboog

вясёлка

paddenstoel

грыб

palmboom

пальма

mug

камар

vlieg

муха

mier

мурашка

bijl

пчала

spin

павук

kever

жук

kikker

жаба

eekhoorn

вавёрка

egel

вожык

haas

заяц

uil

сава

vogel

птушка

zwaan

лебедзь

wild zwijn

дзік

hert

алень

eland

лось

dam

плаціна

windturbine

вятрак

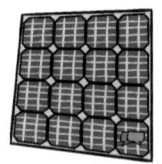

zonnepaneel

сонечная батарэя

klimaat

клімат

ober
афіцыянт

menu
меню

stoel
крэсла

soep
суп

pizza
піца

tafelkleed
абрус

bestek
сталовыя прыборы

voorgerecht
закуска

hoofdgerecht
другая страва

nagerecht
дэсерт

drankjes
напоі

eten
ежа

fles
бутэлька

fastfood

хуткае харчаванне (фаст-фуд)

street food

стрыт-фуд

theepot

імбрык (чайнік)

suikerpot

цукарніца

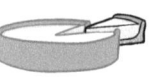

portie

порцыя

espressomachine

эспрэса-машына

kinderstoel

дзіцячае крэселка

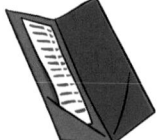

rekening

рахунак

dienblad

паднос

mes

нож

vork

відэлец

lepel

лыжка

theelepel

чайная лыжка

serviette

сурвэтка

glas

шклянка

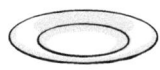

bord
талерка

soepbord
супавая талерка

schoteltje
сподак

saus
соус

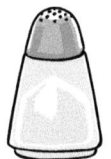

zoutvatje
сальніца

pepermolen
млынок для перцу

azijn
воцат

olie
алей

kruiden
спецыі

ketchup
кетчуп

mosterd
гарчыца

mayonaise
маянэз

supermarkt

супермаркет

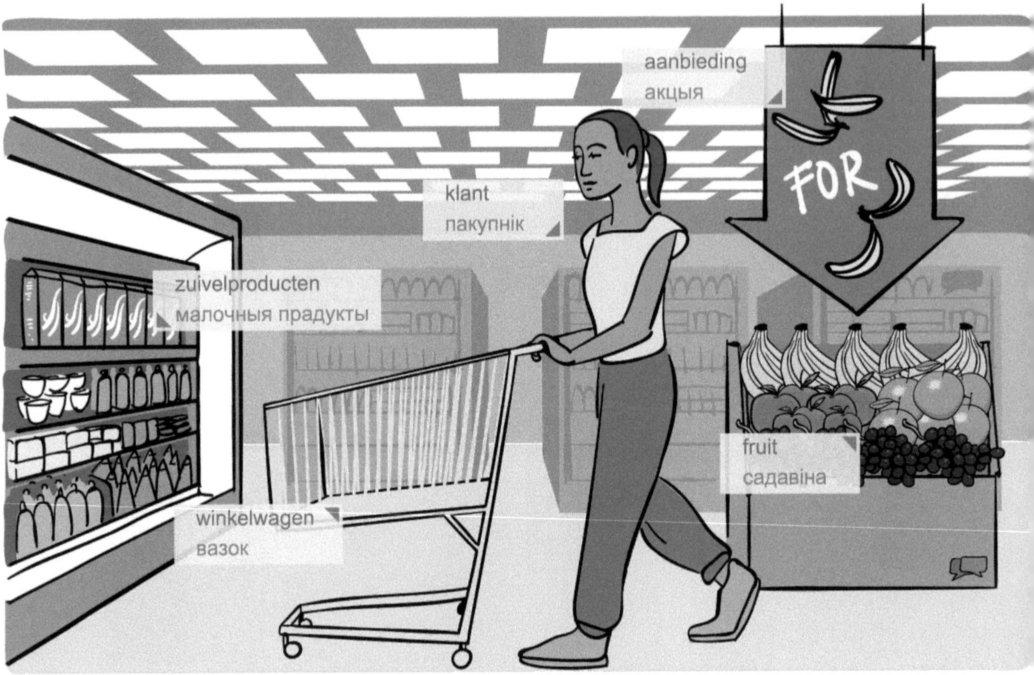

aanbieding
акцыя
FOR
klant
пакупнік
zuivelproducten
малочныя прадукты
fruit
садавіна
winkelwagen
вазок

BUTCHERS

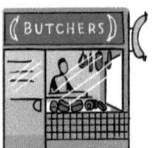

slagerij

мясная крама

BAKERY

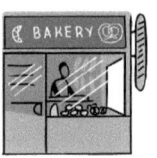

bakkerij

хлебны магазін

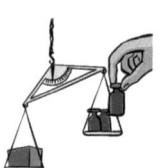

wegen

важыць

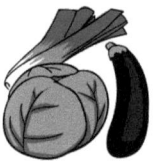

groenten

гароднiна

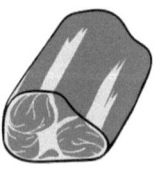

vlees

мяса

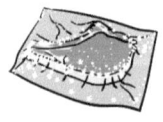

diepvriesvoedsel

свежазамарожаныя прадукты

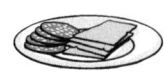

charcuterie

нарэзка

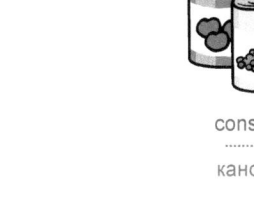

conserven

кансервы

waspoeder

пральны парашок

snoep

прысмакі

huishoudproducten

хатнія прылады

schoonmaakproducten

чысцячы сродак

verkoopster

прадавец

kassa

каса

kassier

касір

boodschappenlijstje

спіс пакупак

openingstijden

гадзіны працы

portefeuille

бумажнік

kredietkaart

крэдытная картка

tas

сумка

plastieken zakje

пакет

water

вада

sap

сок

melk

малако

cola

кола

wijn

віно

bier

піва

alcohol

алкаголь

cacao

какава

thee

гарбата (чай)

koffie

кава

espresso

эспрэса

cappuccino

капучына

banaan

банан

appel

яблык

sinaasappel

апельсін

meloen

дыня

citroen

лімон

wortel

морква

knoflook

часнок

bamboe

бамбук

ajuin

цыбуля

champignon

грыб

noten

арэхі

noodles

локшына

spaghetti
спагеці

rijst
рыс

salade
салата

frieten
бульба фры

gebakken aardappelen
смажаная бульба

pizza
піца

hamburger
гамбургер

sandwich
бутэрброд

kalfslapje
шніцаль

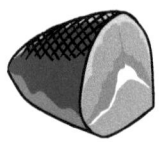

ham
вяндліна

salami
салямі

worst
каўбаса

kip
курыца

braden
смажаніна

vis
рыбак

havervlokken

аўсяныя камякі

muesli

мюслі

cornflakes

кукурузныя шматкі

bloem

мука

croissant

круасан

pistolet

булачка

brood

хлеб

toast

тост

koekjes

пячэнне

boter

масла

kwark

тварог

taart

пірог

ei

яйка

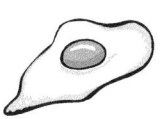

spiegelei

яечня

kaas

сыр

ijs

марожанае

suiker

цукар

honing

мёд

confituur

варэнне

choco

нуга

curry

кары

boerderij
сядзіба

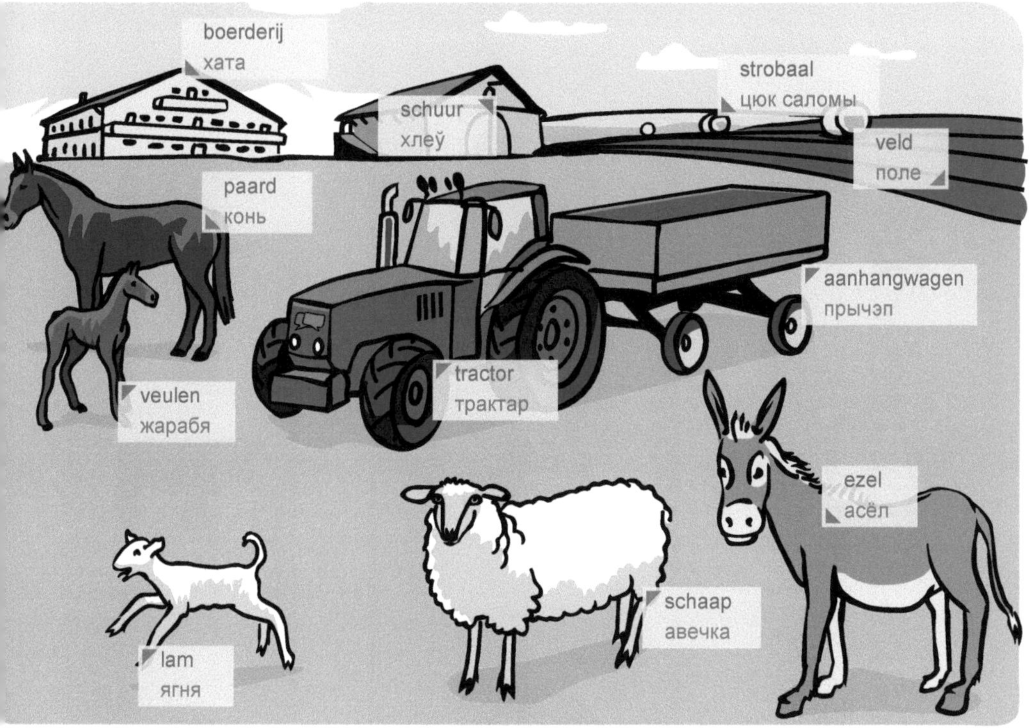
boerderij
хата
schuur
хлеў
strobaal
цюк саломы
veld
поле
paard
конь
aanhangwagen
прычэп
veulen
жарабя
tractor
трактар
ezel
асёл
schaap
авечка
lam
ягня

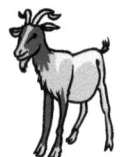

geit
....
каза

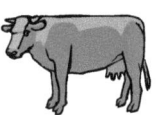

koe
....
карова

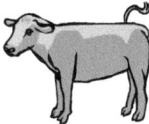

kalf
....
цяля

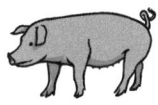

varken
....
свіння

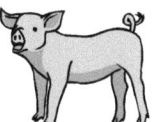

biggetje
....
парася

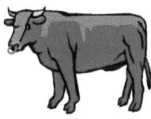

stier
....
бык

gans

гусак

eend

качка

kuiken

кураня

kip

курыца

haan

певень

rat

пацук

kat

кот

muis

мыш

os

вол

hond

сабака

hondenhok

сабачая будка

tuinslang

садовы шланг

gieter

палівачка

zeis

каса

ploeg

плуг

sikkel

серп

schoffel

матыка

hooivork

вілы для гною

bijl

сякера

kruiwagen

тачка

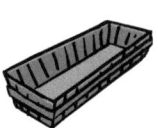

trog

карыта

melkkan

бітон для малака

zak

мех

hek

плот

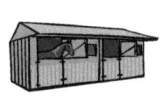

stal

хлеў

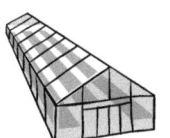

broeikas

цяпліца

bodem

глеба

zaad

насенне

mest

угнаенне

maaidorser

камбайн

oogsten

збіраць ураджай

oogst

ураджай

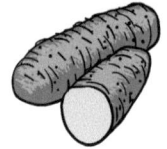

yam

ямс

tarwe

пшаніца

soja

соя

aardappel

бульба

maïs

кукуруза

koolzaad

рапс

fruitboom

садовае дрэва

maniok

маніёк

graan

збожжа

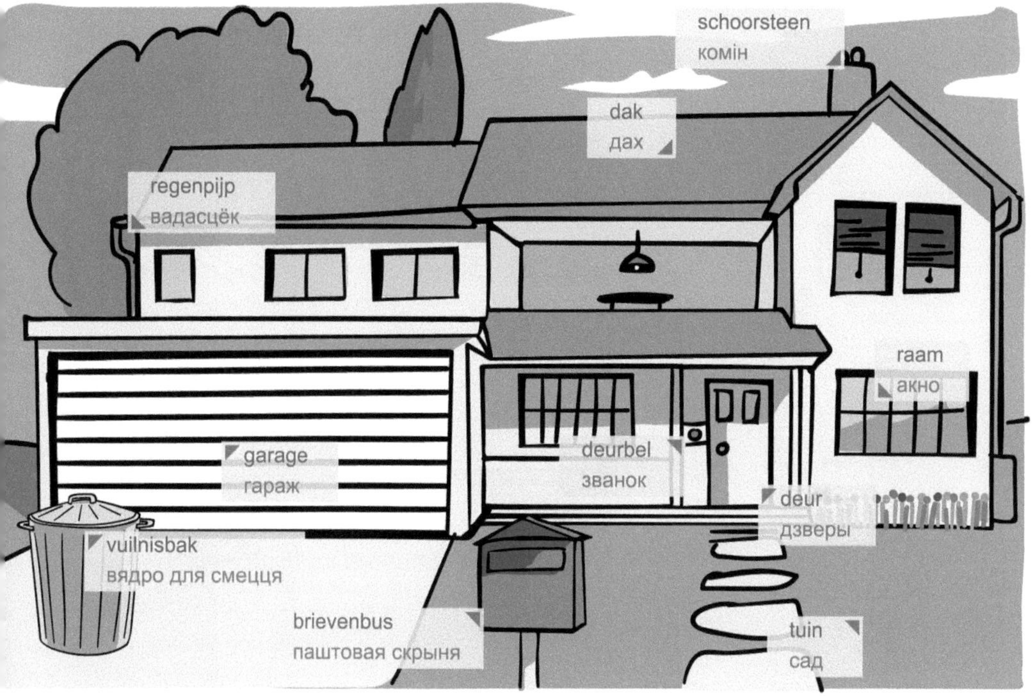

schoorsteen комін

dak дах

regenpijp вадасцёк

raam акно

garage гараж

deurbel званок

deur дзверы

vuilnisbak вядро для смецця

brievenbus паштовая скрыня

tuin сад

woonkamer
жылы пакой

badkamer
ванная

keuken
кухня

slaapkamer
спальны пакой

kinderkamer
дзіцячы пакой

eetkamer
сталоўка

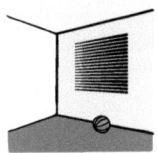

vloer
падлога

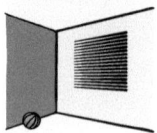

muur
сцяна

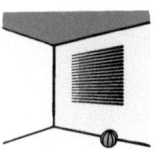

plafond
столь

kelder
падвал

sauna
саўна

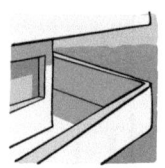

balkon
балкон

terras
тэраса

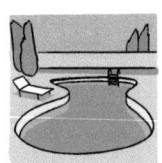

zwembad
басейн

grasmaaier
касілка

dekbedovertrek
падкоўдранік

dekbed
коўдра

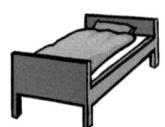

bed
ложак

bezem
венік

emmer
вядро

schakelaar
выключальнік

woonkamer

жылы пакой

behangpapier
шпалеры
foto
малюнак
lamp
лямпа
schap
паліца
kast
шафа
televisie
тэлевізар
open haard
камін
bloem
кветка
kussen
падушка
sofa
канапа
vaas
ваза
afstandsbediening
пульт

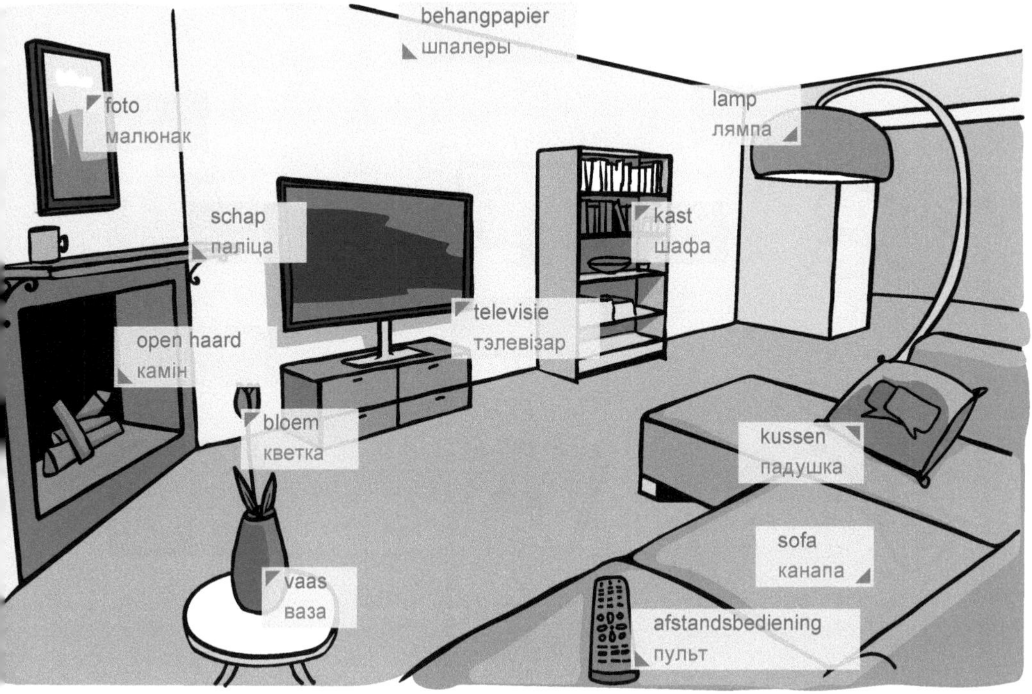

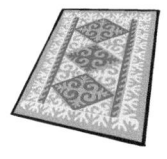

mat
дыван

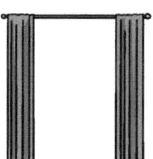

gordijn
фіранка

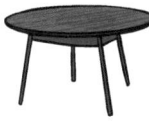

tafel
стол

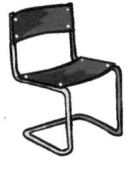

stoel
крэсла

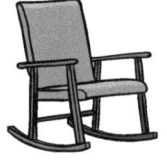

schommelstoel
крэсла-качалка

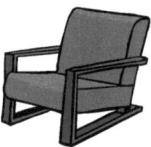

fauteuil
крэсла

boek

кніга

deken

коўдра

decoratie

дэкарацыя

brandhout

дровы

film

кіно

stereo-installatie

стэрэасістэма

sleutel

ключ

krant

газета

schilderij

карціна

poster

постар

radio

радыё

notitieboekje

нататнік

stofzuiger

пыласос

cactus

кактус

kaars

свечка

keuken
кухня

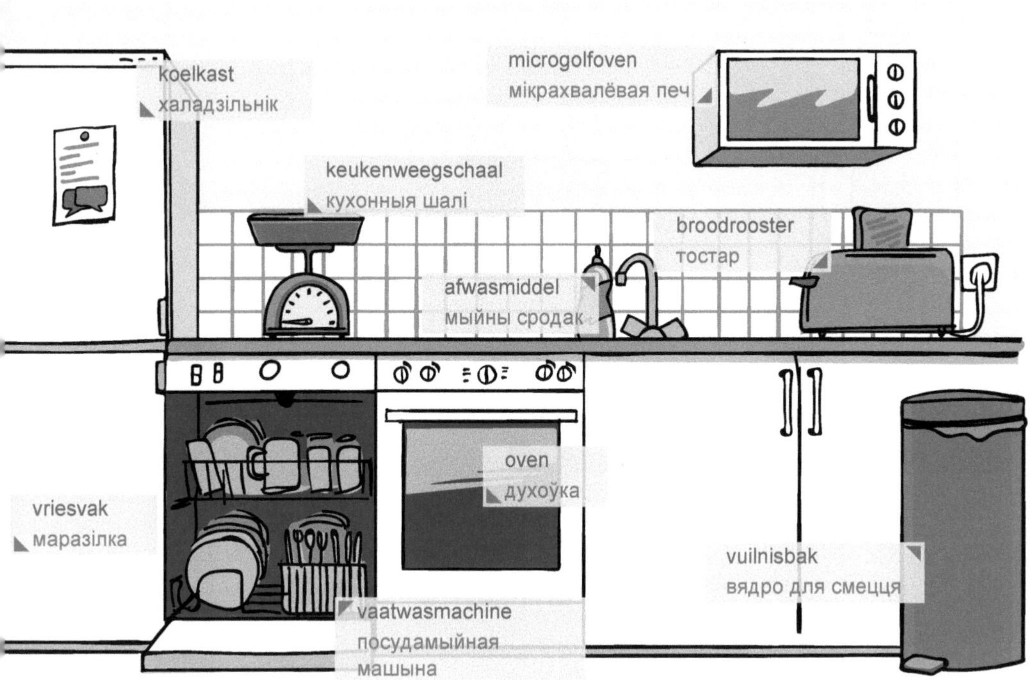

koelkast
халадзільнік
microgolfoven
мікрахвалёвая печ
keukenweegschaal
кухонныя шалі
broodrooster
тостар
afwasmiddel
мыйны сродак
oven
духоўка
vriesvak
маразілка
vuilnisbak
вядро для смецця
vaatwasmachine
посудамыйная
машына

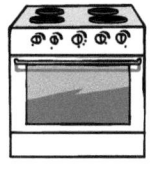

fornuis
....
пліта

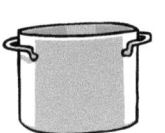

pot
....
рондаль

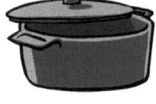

gietijzeren pot
....
чыгунок

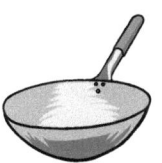

wok / kadai
....
Вок / кадаі

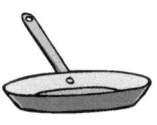

pan
....
патэльня

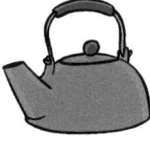

waterkoker
....
чайнік

stoomkoker

параварка

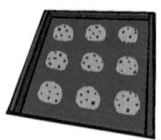

bakplaat

бляха

servies

посуд

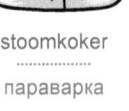

mok

кубак

kom

міска

eetstokjes

палачкі для ежы

pollepel

чарпак

spatel

лапатачка

garde

збівалка

vergiet

сіта для варэння

zeef

сіта

rasp

тарка

mortier

ступка

barbecue

грыль

haardvuur

вогнішча

snijplank

дошка

deegrol

качалка

kurkentrekker

штопар

blik

бляшанка

blikopener

адкрывалка

pannenlap

прыхваткі

gootsteen

ракавіна

borstel

шчотка

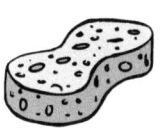

spons

губка

blender

міксер

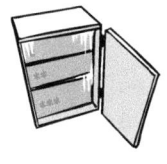

vriezer

маразільная камера

papfles

бутэлечка

kraan

вадаправодны кран

badkamer

ванная

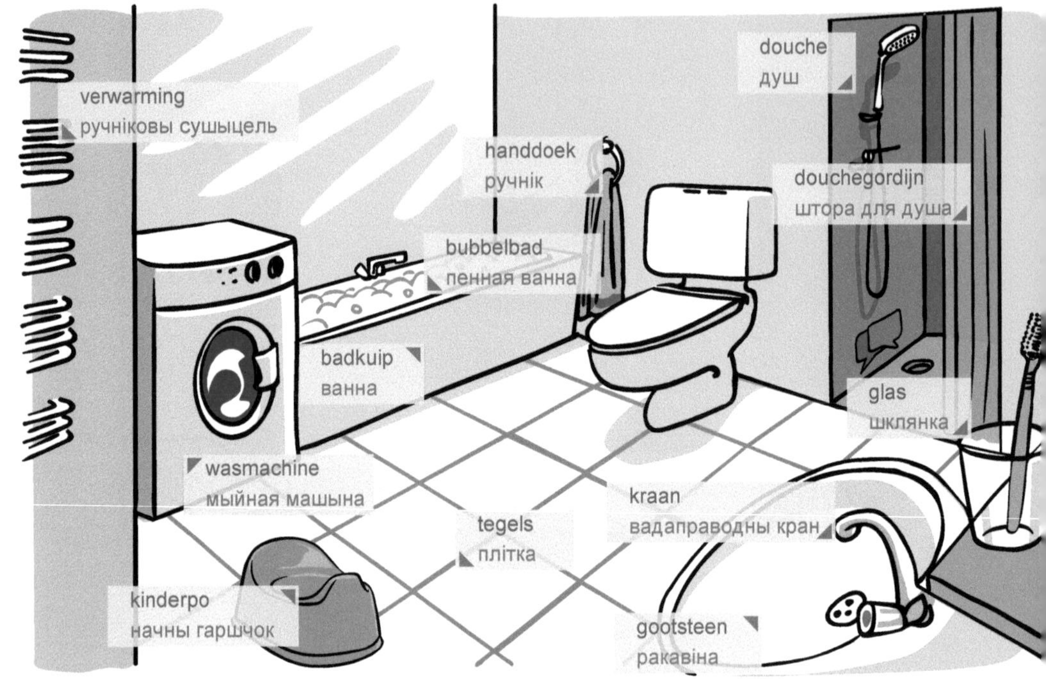
verwarming
ручніковы сушыцель
douche
душ
handdoek
ручнік
douchegordijn
штора для душа
bubbelbad
пенная ванна
badkuip
ванна
glas
шклянка
wasmachine
мыйная машына
kraan
вадаправодны кран
tegels
плітка
kinderpo
начны гаршчок
gootsteen
ракавіна

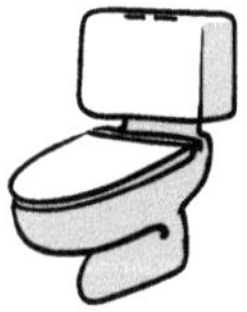

toilet

туалет

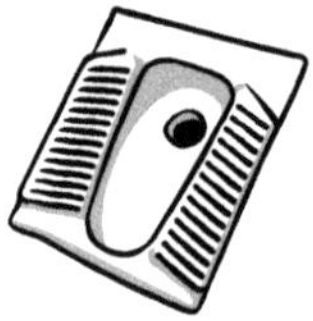

hurktoilet

падлогавы ўнітаз

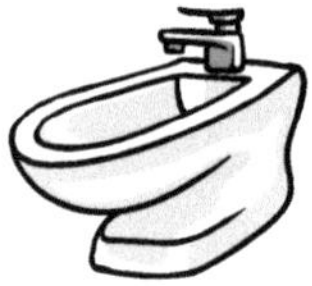

bidet

бідэ

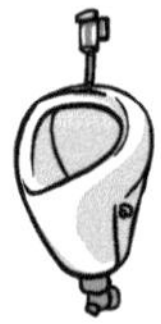

urinoir

пісуар

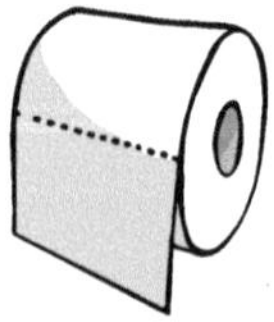

toiletpapier

туалетная папера

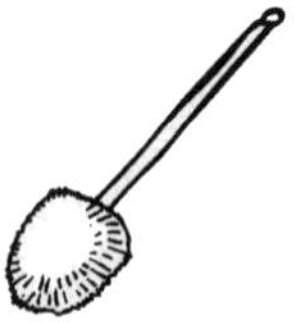

toiletborstel

шчотка для чысткі ўнітаза

tandenborstel

зубная шчотка

tandpasta

зубная паста

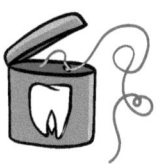

flosdraad

зубная нітка

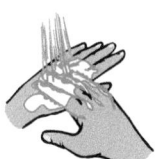

wassen

мыць

handdouche

ручны душ

bidethanddouche

інтымны душ

waskom

умывальнік

rugborstel

шчотка для спіны

zeep

мыла

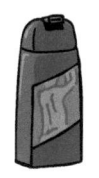

douchegel

гель для душа

shampoo

шампунь

washandje

вяхотка

afvoer

вадасцёк

crème

крэм

deodorant

дэзадарант

spiegel

люстэрка

handspiegel

касметычнае люстэрка

scheermes

станок для галення

scheerschuim

пена для галення

aftershave

ласьён пасля галення

kam

грэбень

borstel

шчотка

haardroger

фен

haarlak

лак для валасоў

make-up

касметыка

lippenstift

памада

nagellak

лак для пазногцяў

watten

вата

nagelknipper

манікюрныя нажніцы

parfum

духі

toilettas

касметычка

kruk

табурэтка

weegschaal

вагі

badjas

лазневы халат

latex handschoenen

санітарныя пальчаткі

tampon

тампон

maandverband

гігіенічныя пракладкі

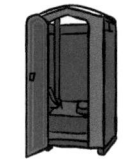

chemisch toilet

біятуалет

kinderkamer
дзіцячы пакой

wekker
будзільнік
knuffel
мяккая цацка
speelgoedauto
цацачная машынка
rammelaar
бразготка
poppenhuis
лялечны домік
geschenk
падарунак

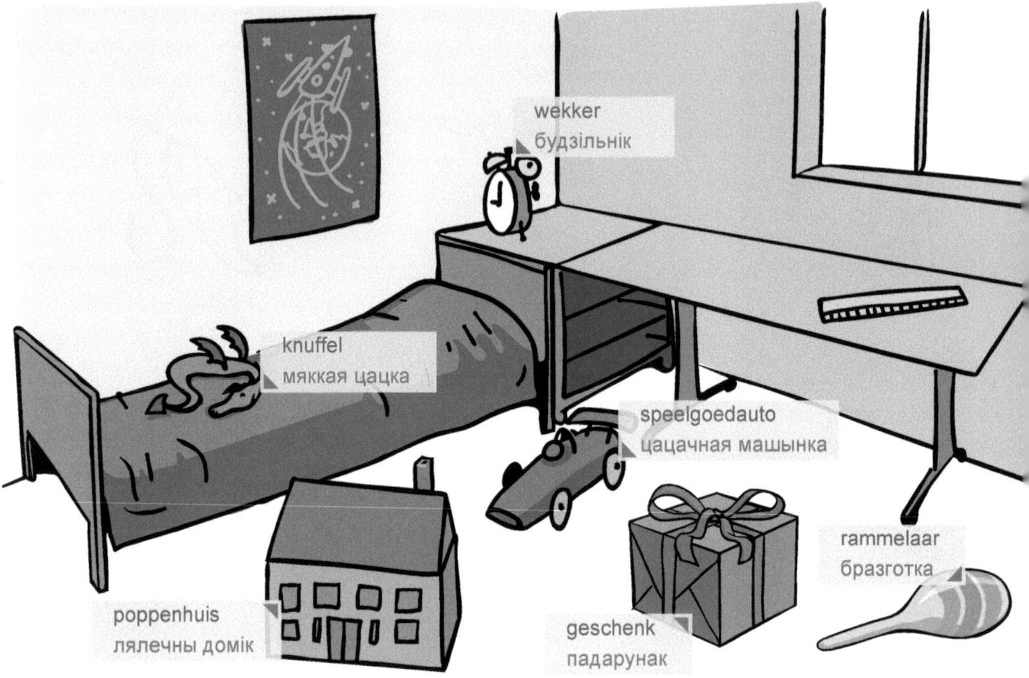

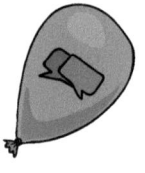

ballon

надзіманы шарык

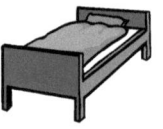

bed

ложак

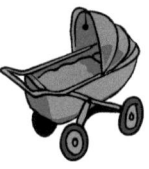

kinderwagen

дзіцячая каляска

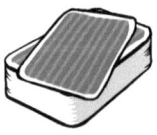

spel kaarten

калода картаў

puzzel

пазл

SUPER MEGA

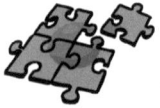

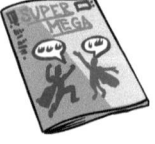

stripboek

комікс

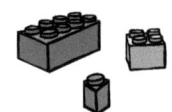

legoblokjes

канструктар "Лега"

blokken

канструктар

actiefiguur

экшэн-фігурка

kruippakje

дзіцячы гарнітур

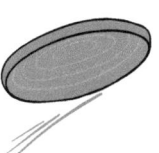

frisbee

фрызбі

mobiel

дзіцячы мабіль

bordspel

настольная гульня

dobbelsteen

кубік

modelspoorweg

дзіцячая чыгунка

fopspeen

пустышка

feest

дзіцячае свята

prentenboek

кніга з малюнкамі

bal

мячык

pop

лялька

spelen

гуляцца

zandbak

пясочніца

schommel

арэлі

speelgoed

цацкі

spelconsole

гульнявая відэа прыстаўка

driewieler

трохколавы ровар

knuffelbeer

плюшавы мішка

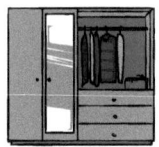

kleerkast

шафа

kleding

адзенне

sokken

шкарпэткі

kousen

панчохі

maillot

калготкі

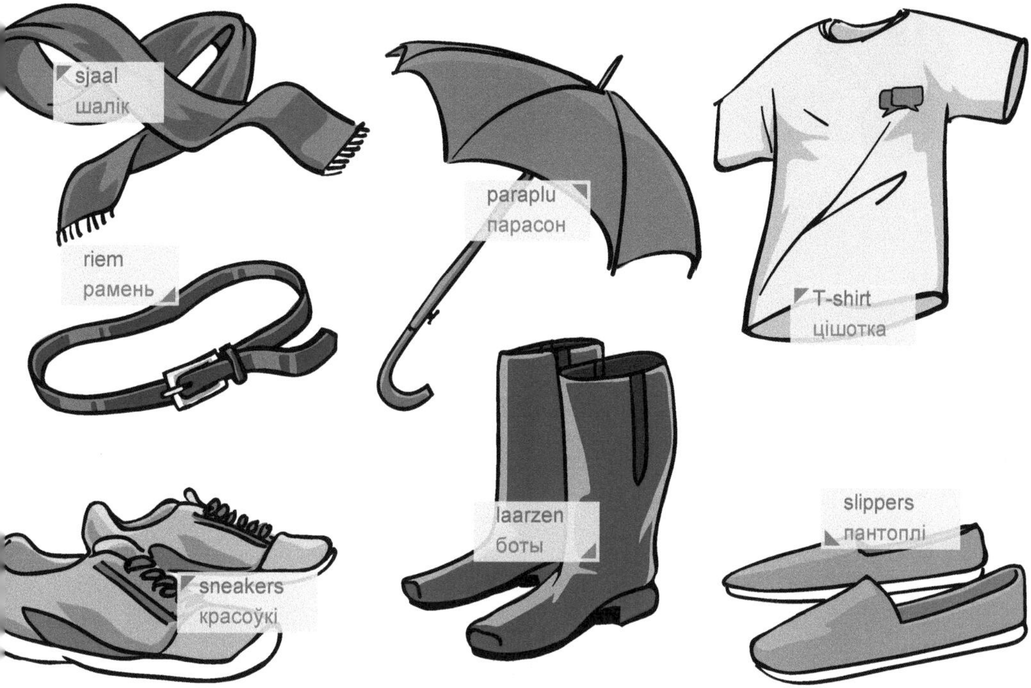

sjaal
шалік

paraplu
парасон

T-shirt
цішотка

riem
рамень

laarzen
боты

slippers
пантоплі

sneakers
красоўкі

sandalen
сандалі

schoenen
абутак

rubberlaarzen
гумовыя боты

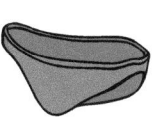

onderbroek
трусы

beha
бюстгальтар

onderhemd
майка

lichaam

бодзі

broek

штаны

jeans

джынсы

rok

спадніца

blouse

блузка

hemd

кашуля

trui

джэмпер

capuchontrui

талстоўка

blazer

блэйзер

jas

куртка

jas

паліто

regenjas

дажджавік

kostuum

касцюм

jurk

сукенка

trouwjurk

вясельная сукенка

pak

касцюм

nachthemd

начная сарочка

pyjama

піжама

sari

сары

hoofddoek

хустка

tulband

цюрбан

boerka

паранджа

kaftan

каптан

abaya

Абая

badpak

купальнік

zwembroek

плаўкі

short

шорты

trainingspak

спартыўны касцюм

schort

фартух

handschoenen

пальчаткі

knoop

гузік

bril

акуляры

armband

бранзалет

ketting

каралі

ring

кальцо

oorbel

завушніца

pet

кепка

kapstok

вешалка

hoed

капялюш

das

гальштук

rits

маланка

helm

шлем

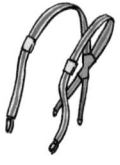

bretellen

падцяжкі

schooluniform

школьная форма

uniform

уніформа

slabbetje
нагруднік

fopspeen
пустышка

luier
падгузнік

kantoor
офіс

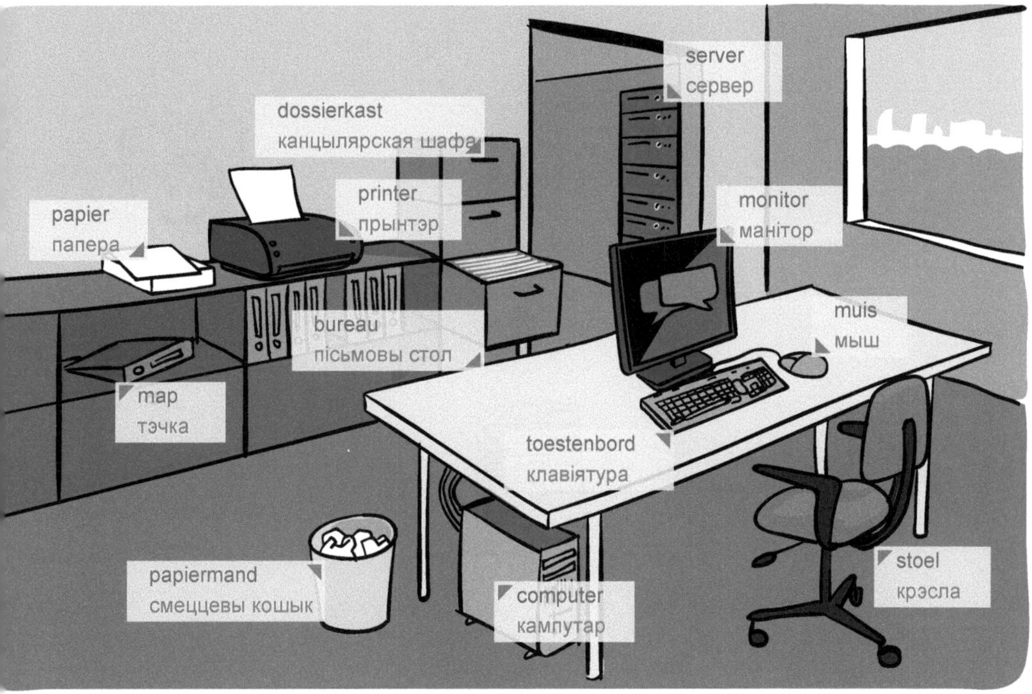

papier
папера

dossierkast
канцылярская шафа

printer
прынтэр

server
сервер

monitor
манітор

map
тэчка

bureau
пісьмовы стол

muis
мыш

toestenbord
клавіятура

papiermand
смеццевы кошык

computer
кампутар

stoel
крэсла

koffiemok
убак для кавы (філіжанка)

rekenmachine
калькулятар

internet
інтэрнэт

laptop

ноўтбук

brief

ліст

bericht

паведамленне

gsm

мабільны тэлефон

netwerk

сетка

kopieerapparaat

ксеракс

software

праграмнае забеспячэнне

telefoon

тэлефон

stopcontact

разетка

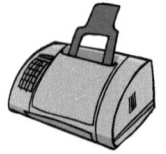

fax

факс

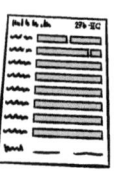

formulier

фармуляр

document

дакумент

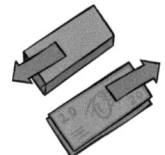

kopen

купляць

betalen

плаціць

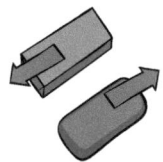

handelen

гандляваць

geld

грошы

 **USD**

dollar

долар

 **EUR**

euro

еўра

 **JPY**

yen

ена

 **RUB**

roebel

рубель

 **CHF**

Zwitserse frank

франк

 **CNY**

Chinese renminbi

кітайскі юань

 **INR**

roepie

рупія

geldautomaat

банкамат

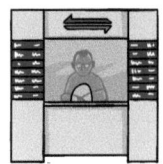

wisselkantoor

абменны пункт

goud

золата

zilver

срэбра

olie

нафта

energie

энергія

prijs

цана

contract

кантракт

belasting

падатак

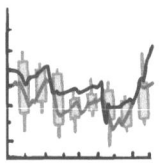

aandeel

акцыя

werken

працаваць

werknemer

служачы

werkgever

працадаўца

fabriek

фабрыка

winkel

крама

beroepen
прафесіі

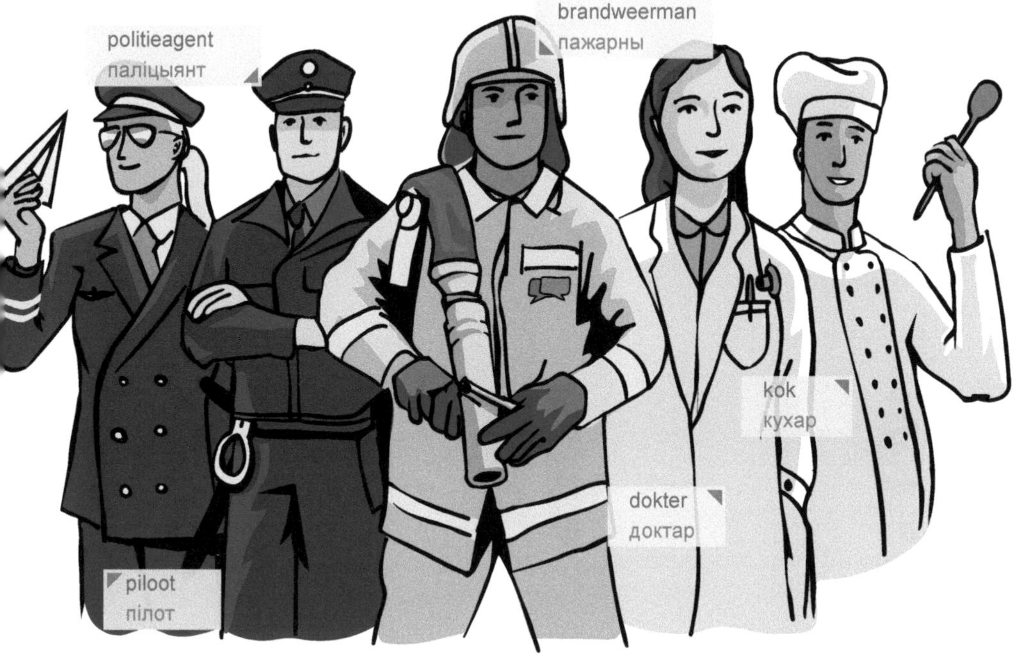
politieagent
паліцыянт
brandweerman
пажарны
kok
кухар
dokter
доктар
piloot
пілот

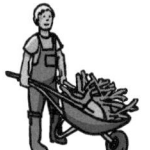

tuinman

садоўнік

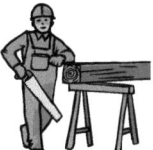

timmerman

слесар

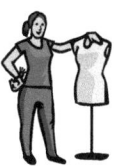

naaister

швачка

rechter

суддзя

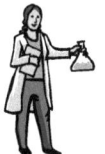

chemicus

хімік

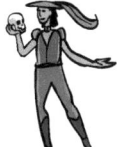

acteur

артыст

buschauffeur

кіроўца аўтобуса

taxichauffeur

таксіст

visser

рыбак

schoonmaakster

прыбіральшчыца

dakdekker

страхар

ober

афіцыянт

jager

паляўнічы

schilder

мастак

bakker

пекар

elektricien

электрык

bouwvakker

будаўнік

ingenieur

інжынер

slager

мяснік

loodgieter

сантэхнік

postbode

паштальён

soldaat

салдат

architect

архітэктар

kassier

касір

bloemist

фларыст

kapper

цырульнік

conducteur

кандуктар

mecanicien

механік

kapitein

капітан

tandarts

стаматолаг

wetenschapper

вучоны

rabbijn

рабін

imam

імам

monnik

манах

geestelijke

святар

werktuigen
інструменты

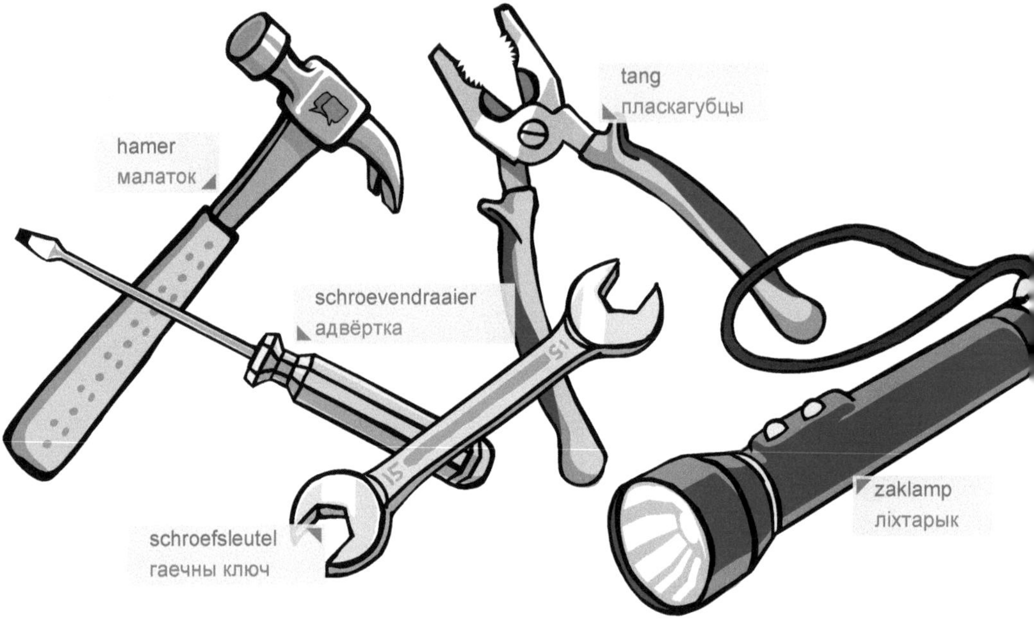

tang
пласкагубцы
hamer
малаток
schroevendraaier
адвёртка
zaklamp
ліхтарык
schroefsleutel
гаечны ключ

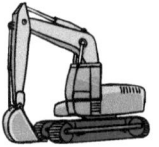

graafmachine
экскаватар

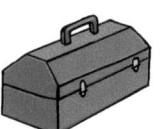

gereedschapskoffer
скрыня для інструментаў

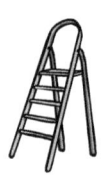

ladder
дравіны

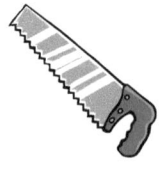

zaag
піла

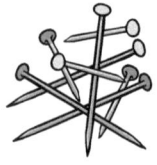

spijkers
цвікі

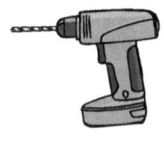

boormachine
дрыль

repareren
рамантаваць

schop
рыдлеўка

Verdomme!
Халера!

blik
шуфлік для смецця

verfpot
вядро з фарбаю

schroeven
балты

muziekinstrumenten
музычныя інструменты

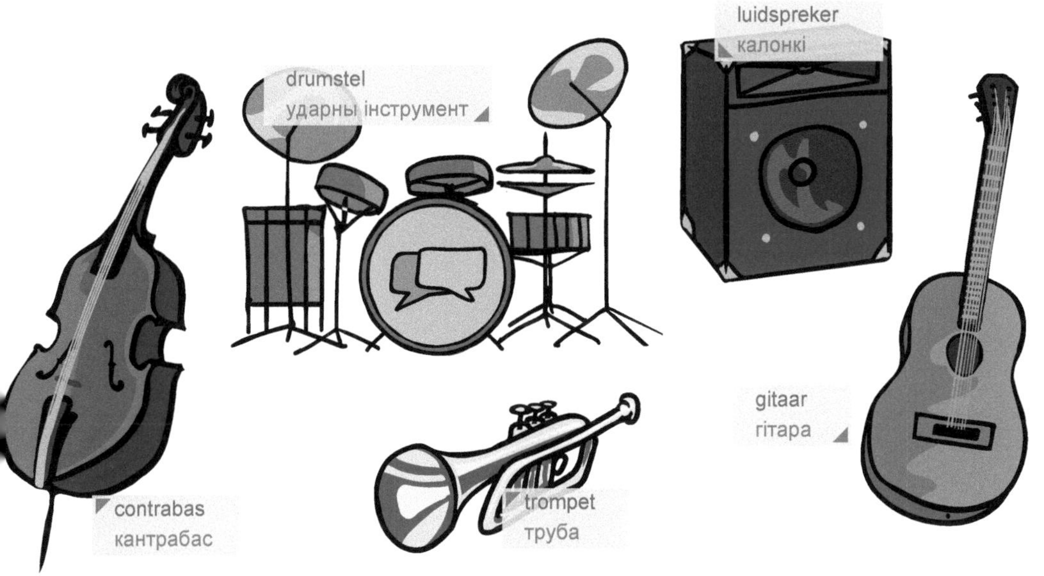

drumstel
ударны інструмент

luidspreker
калонкі

gitaar
гітара

contrabas
кантрабас

trompet
труба

piano

піяніна

viool

скрыпка

basgitaar

басгітара

pauk

літаўры

trommels

барабан

keyboard

клавішны электрамузычны інструмент

saxofoon

саксафон

fluit

флейта

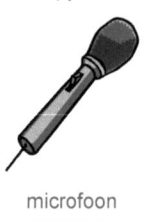

microfoon

мікрафон

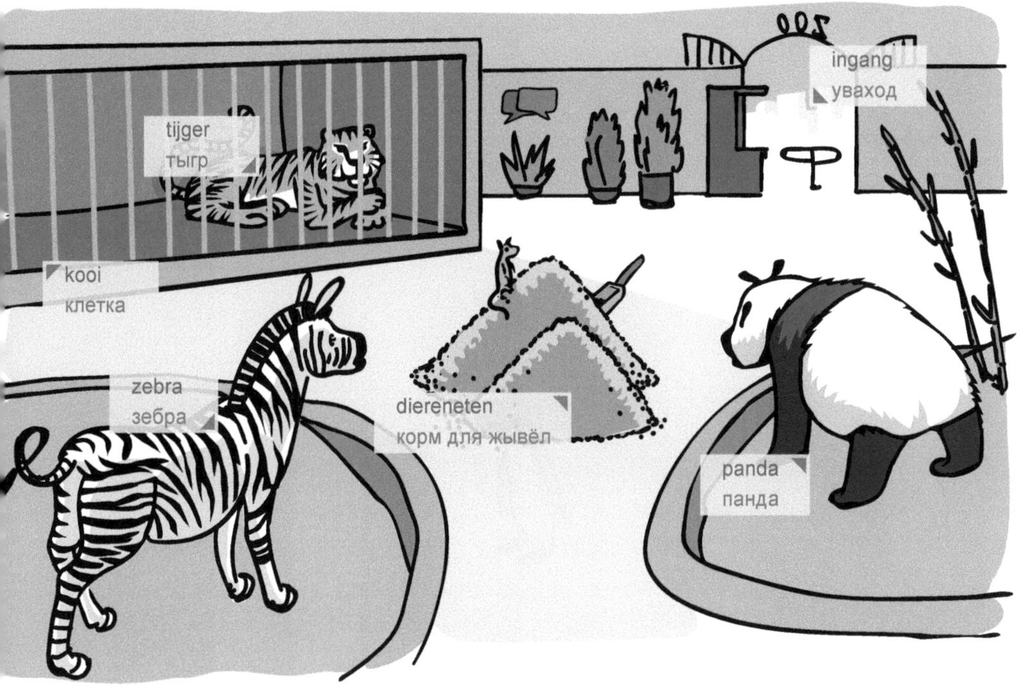

ingang
увоход

tijger
тыгр

kooi
клетка

zebra
зебра

diereneten
корм для жывёл

panda
панда

dieren

жывёлы

olifant

слон

kangoeroe

кенгуру

neushoorn

насарог

gorilla

гарыла

beer

мядзведзь

kameel

вярблюд

struisvogel

стравус

leeuw

леў

aap

малпа

flamingo

фламінга

papegaai

папугай

ijsbeer

белы мядзведзь

pinguïn

пінгвін

haai

акула

pauw

паўлін

slang

змяя

krokodil

кракадзіл

dierenverzorger

наглядчык заапарка

zeehond

цюлень

jaguar

ягуар

zoo - заапарк

pony

пoнi

luipaard

леапард

nijlpaard

бегемот

giraffe

жыраф

adelaar

арол

wild zwijn

дзiк

vis

рыбак

zeeschildpad

чарапаха

walrus

морж

vos

лiса

gazelle

газель

rugby
амерыканскі футбол

wielrennen
веласпорт

tennis
тэніс

basketbal
баскетбол

zwemmen
плаванне

boksen
бокс

ijshockey
хакей з шайбай

voetbal

футбол

badminton

бадмінтон

atletiek

лёгкая атлетыка

handbal

гандбол

skiën

горныя лыжы

polo

пола

activiteiten
дзейнасць

lachen
смяяцца
springen
скакаць
knuffelen
абдымаць
wandelen
ісці
zingen
спяваць
dromen
марыць
bidden
маліцца
kussen
цалаваць

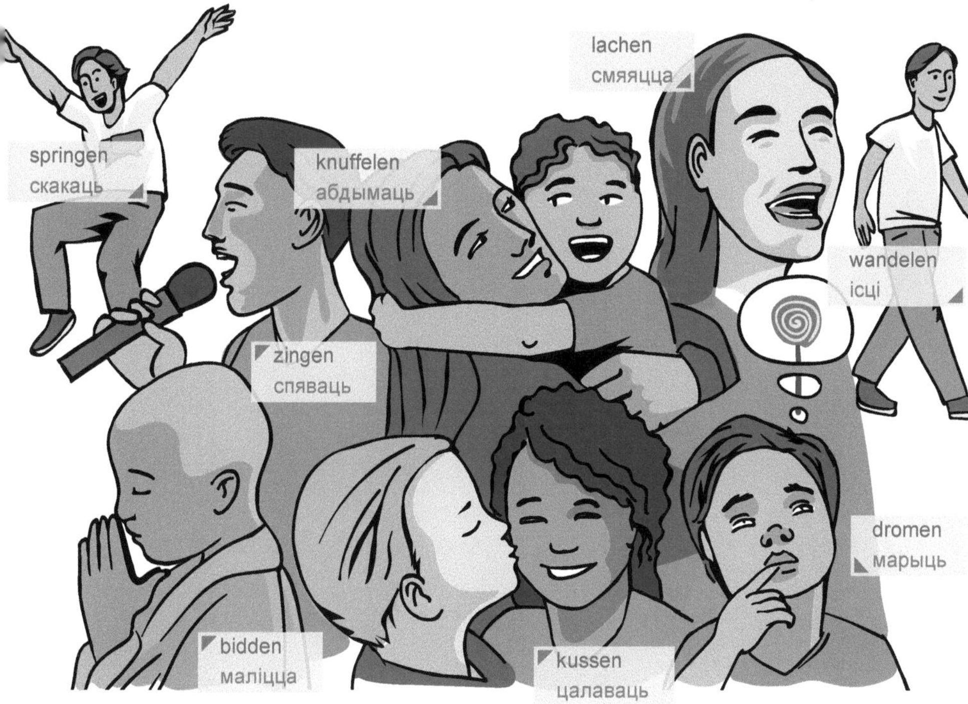

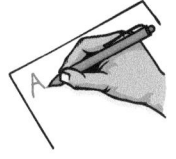

schrijven

пісаць

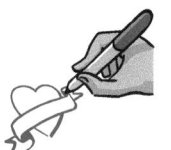

tekenen

маляваць

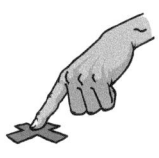

tonen

паказваць

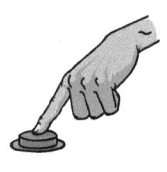

duwen

націснуць

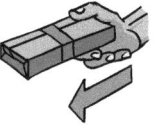

geven

даваць

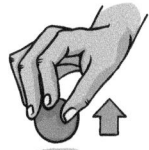

nemen

браць

hebben

мець

doen

выконваць

zijn

быць

staan

стаяць

lopen

бегчы

trekken

цягнуць

gooien

кідаць

vallen

падаць

liggen

ляжаць

wachten

чакаць

dragen

насіць

zitten

сядзець

aankleden

апранацца

slapen

спаць

ontwaken

прачынацца

kijken naar

глядзець

wenen

плакаць

aaien

лашчыць

kammen

прычэсвацца

praten

гаварыць

begrijpen

разумець

vragen

пытаць

luisteren

чуць

drinken

піць

eten

есці

opruimen

прыбіраць

houden van

кахаць

koken

гатаваць

rijden

ехаць

vliegen

лятаць

zeilen

плаваць пад ветразем

rekenen

лічыць

Lezen

чытаць

leren

вучыць

werken

працаваць

trouwen

уступаць у шлюб

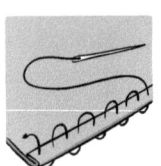

naaien

шыць

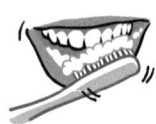

tandenpoetsen

чысціць зубы

doden

забіваць

roken

курыць

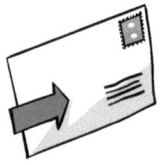

sturen

пасылаць

grootmoeder
бабуля

grootvader
дзядуля

vader
бацька

moeder
маці

baby
дзіця

dochter
дачка

zoon
сын

gast

госць

tante

цётка

oom

дзядзька

broer

брат

zus

сястра

lichaam

цела

voorhoofd
лоб
oog
вока
schouder
плячо
vinger
палец
gezicht
твар
kin
падбародак
hand
рука
been
нага
borst
грудзі
arm
рука

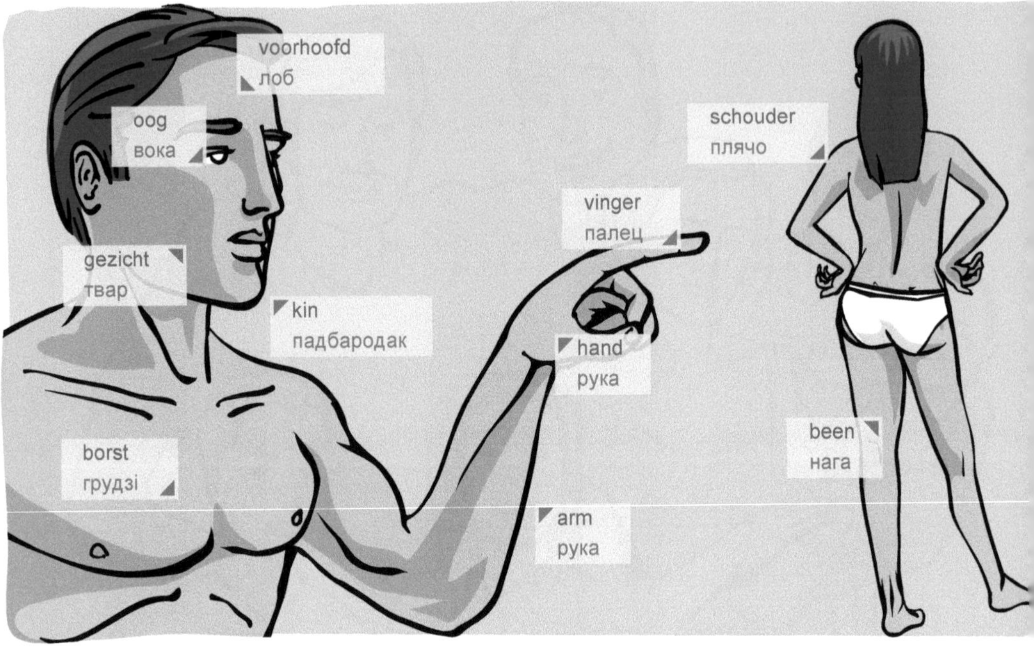

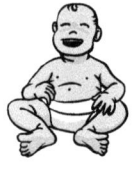

baby
дзіця

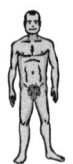

man
мужчына

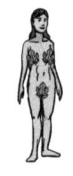

vrouw
жанчына

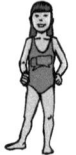

meisje
дзяўчынка

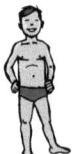

jongen
хлопчык

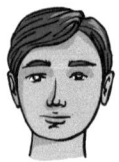

hoofd
галава

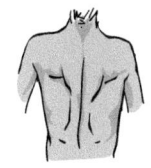

rug

спіна

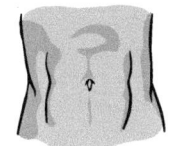

buik

жывот

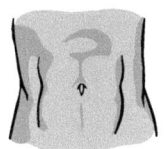

navel

пуп

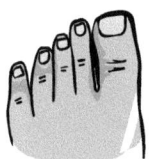

teen

палец нагі

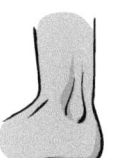

hiel

пятка

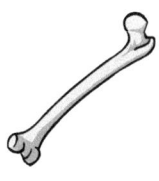

bot

костка

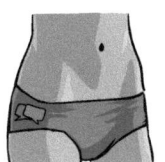

heup

бядро

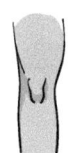

knie

калена

elleboog

локаць

neus

нос

zitvlak

ягадзіца

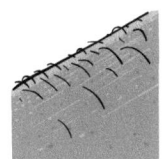

huid

скура

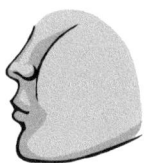

wang

шчака

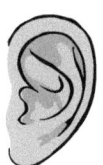

oor

вуха

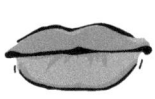

lip

губа

lichaam - цела

mond

рот

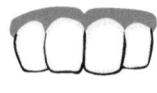

tand

зуб

tong

язык

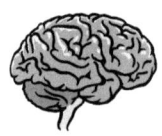

hersenen

галаўны мозг

hart

сэрца

spier

мышца

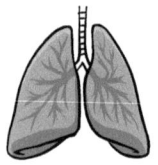

long

лёгкае

lever

пячонка

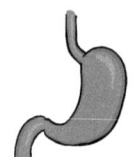

maag

страўнік

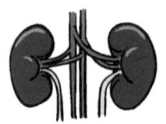

nieren

ныркі

seks

сэкс

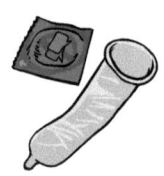

condoom

прэзерватыў

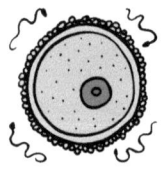

eicel

яйцаклетка

sperma

сперма

zwangerschap

цяжарнасць

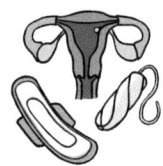

menstruatie

менструацыя

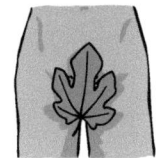

vagina

похва

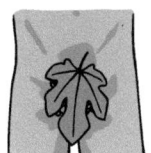

penis

пеніс

wenkbrauw

брыво

haar

валасы

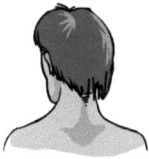

nek

шыя

ziekenhuis
шпіталь

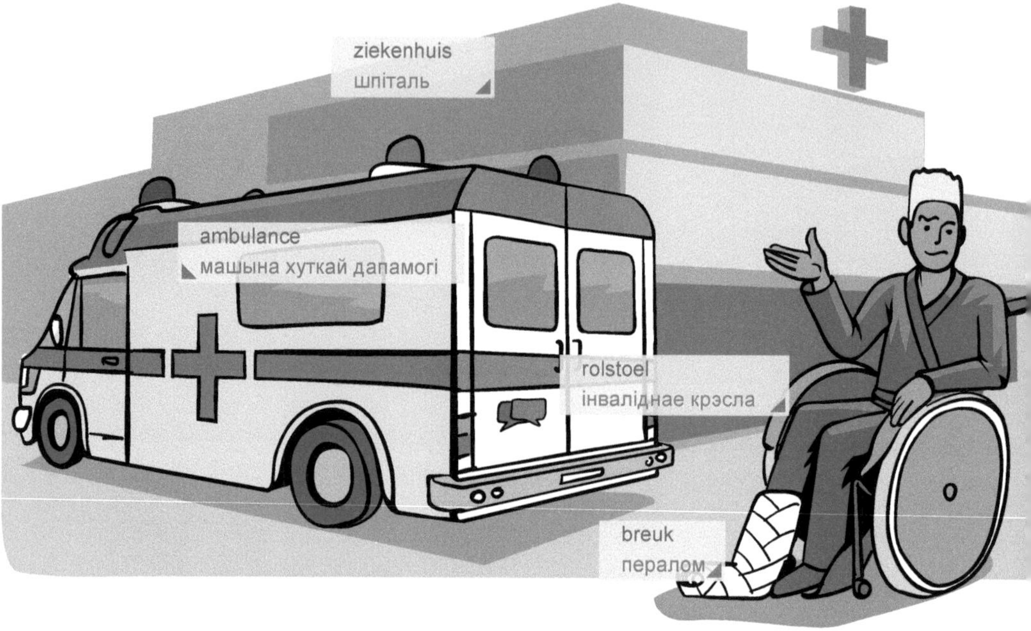

ambulance
машына хуткай дапамогі

rolstoel
інвалiднае крэсла

breuk
пералом

dokter

доктар

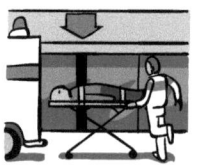

spoed

аддзяленне першай дапамогі

verpleegkundige

медсястра

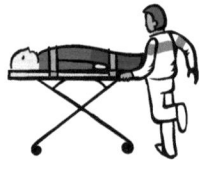

noodgeval

экстраная дапамога

bewusteloos

непрытомны

pijn

боль

verwonding
траўма

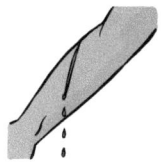

bloeding
крывацёк

hartaanval
інфаркт

beroerte
апаплексія

allergie
алергія

hoest
кашаль

koorts
гарачка

griep
грып

diarree
панос

hoofdpijn
галаўны боль

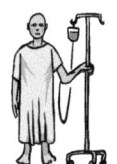

kanker
рак

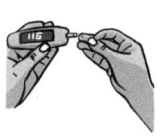

diabetes
дыябет

chirurg
хірург

scalpel
скальпель

operatie
аперацыя

CT

КТ

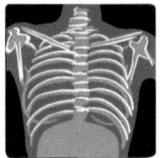

röntgenstraal

рэнтген

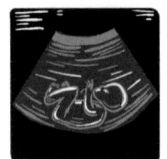

ultrageluid

ультрагук

gezichtsmasker

маска

ziekte

хвароба

wachtkamer

пачакальня

kruk

мыліца

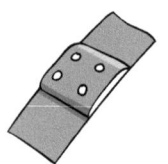

pleister

пластыр

verband

бінт

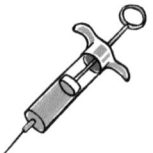

injectie

ін'екцыя

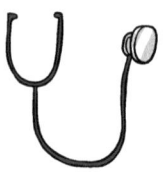

stethoscoop

стэтаскоп

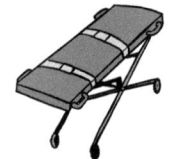

brancard

насілкі

thermometer

градуснік

geboorte

нараджэнне

overgewicht

лішняя вага

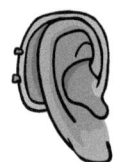

hoorapparaat

слухавы апарат

ontsmettingsmiddel

дэзінфекцыйны сродак

infectie

інфекцыя

virus

вірус

HIV / AIDS

ВІЧ/СНІД

medicijn

лекі

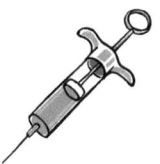

vaccinatie

прышчэпка

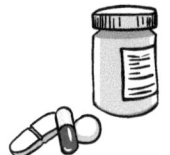

tabletten

таблеткі

pil

супрацьзачаткавая таблетка

noodoproep

экстраны выклік

bloeddrukmeter

танометр

ziek / gezond

хворы / здаровы

Help!
....
Ратуйце!

alarm
....
сігналізацыя

overval
....
напад

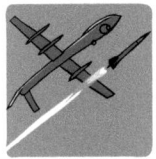

aanval
....
атака

gevaar
....
небяспека

nooduitgang
....
аварыйны выхад

Brand!
....
Пажар!

brandblusser
....
вогнетушыцель

ongeval
....
аварыя

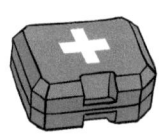

EHBO-kit
....
аптэчка

SOS
....
СОС

politie
....
паліцыя

Europa

Еўропа

Noord-Amerika

Паўночная Амерыка

Zuid-Amerika

Паўднёвая Амерыка

Afrika

Афрыка

Azië

Азія

Australië

Аўстралія

Atlantische Oceaan

Атлантычны акіян

Stille Oceaan

Ціхі акіян

Indische Oceaan

Індыйскі акіян

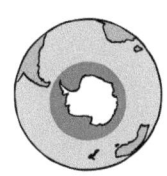

Antarctische Oceaan

Паўднёвы ледавіты акіян

Arctische Oceaan

Паўночны ледавіты акіян

Noordpool

Паўночны полюс

Zuidpool

Паўднёвы полюс

Antarctica

Антарктыда

aarde

Зямля

land

краіна

zee

мора

eiland

востраў

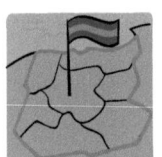

natie

нацыя

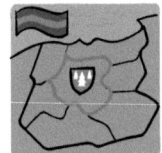

staat

дзяржава

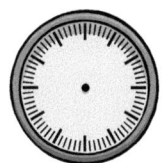

wijzerplaat

цыферблат

uurwijzer

гадзінная стрэлка

minuutwijzer

хвілінная стрэлка

secondewijzer

секундная стрэлка

Hoe laat is het?

Колькі часу?

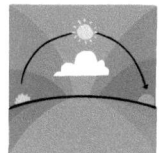

dag

дзень

tijd

час

nu

зараз

digitale horloge

электронны гадзіннік

minuut

хвіліна

uur

гадзіна

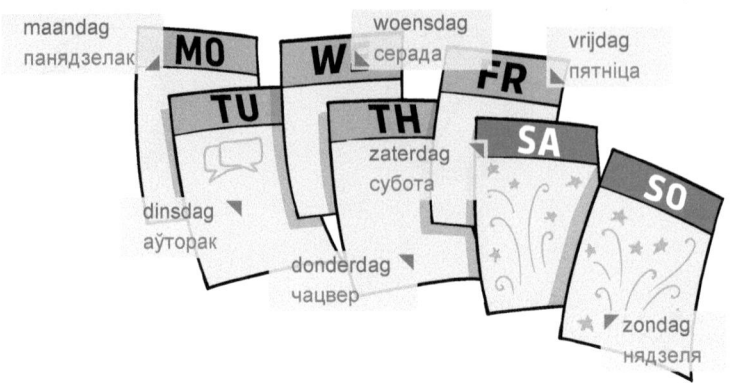

maandag
панядзелак

woensdag
серада

vrijdag
пятніца

dinsdag
аўторак

zaterdag
субота

donderdag
чацвер

zondag
нядзеля

gisteren
ўчора

vandaag
сёння

morgen
заўтра

ochtend
раніца

middag
абед

avond
вечар

werkdagen
працоўныя дні

weekend
выхадныя

jaar

год

regen
дождж
regenboog
вясёлка
wind
вецер
sneeuw
снег
lente
вясна
herfst
восень
zomer
лета
winter
зіма

4.APRIL 11°
5.APRIL 4°
6.APRIL 13°
7.APRIL 8°
8.APRIL 10°

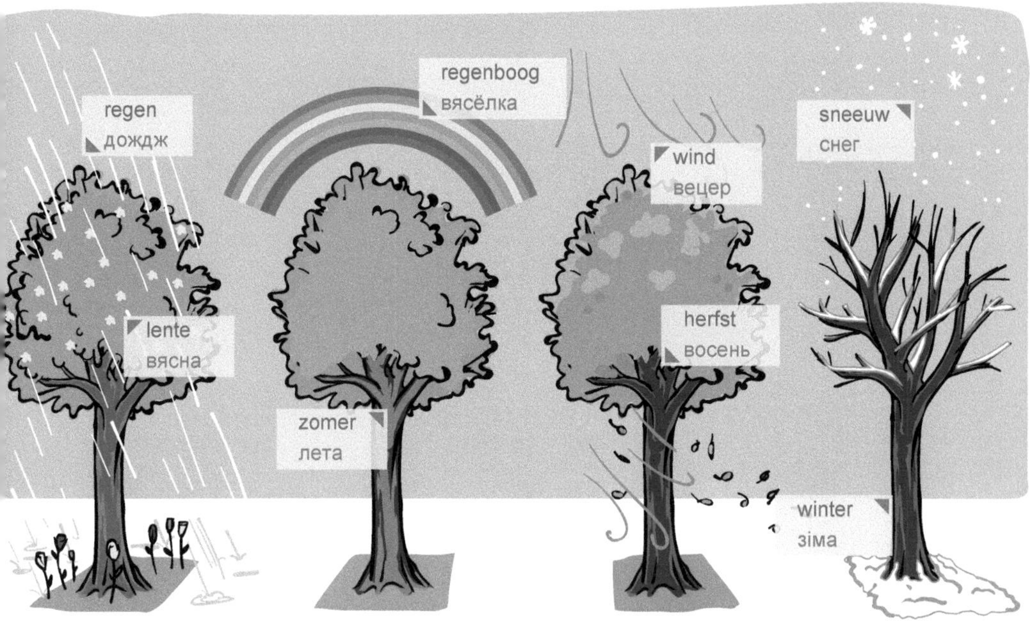

weervoorspelling

прагноз надвор'я

F
C
120
90
60
30
0
-30
40
30
20
10
0
-10
-20

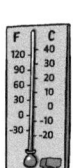

thermometer

градуснік

zonneschijn

сонечнае святло

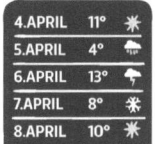

wolk

воблака

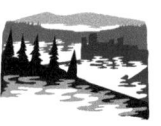

mist

туман

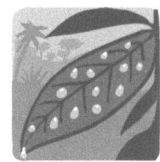

vochtigheid

вільготнасць паветра

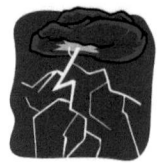

bliksem

маланка

donder

гром

storm

бура

hagel

град

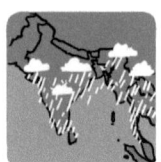

moesson

мусонны вецер

overstroming

прыліў

ijs

лёд

januari

студзень

februari

люты

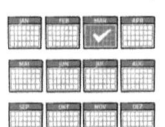

maart

сакавік

april

красавік

mei

май

juni

чэрвень

juli

ліпень

augustus

жнівень

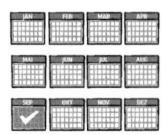

september

....

верасень

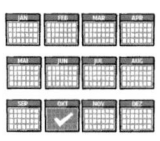

oktober

....

кастрычнік

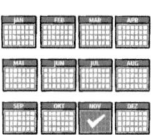

november

....

лістапад

december

....

снежань

vormen

формы

cirkel

....

круг

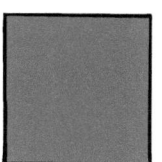

kwadraat

....

квадрат

rechthoek

....

прамавугольнік

driehoek

....

трохвугольнік

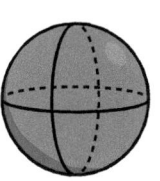

bol

....

шар

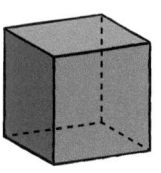

kubus

....

куб

wit

белы

geel

жоўты

oranje

аранжавы

roze

ружовы

rood

чырвоны

paars

фіялетавы

blauw

сіні

groen

зялёны

bruin

карычневы

grijs

шэры

zwart

чорны

veel / weinig

шмат / мала

boos / kalm

злы / добры

mooi / lelijk

прыгожы / брыдкі

begin / einde

пачатак / канец

groot / klein

высокі / малы

licht / donker

светлы / цёмны

broer / zus

сястра / брат

proper / vuil

чысты / брудны

volledig / onvolledig

поўны / няпоўны

dag / nacht

дзень / ноч

dood / levend

мёртвы / жывы

breed / smal

шырокі / вузкі

eetbaar / oneetbaar

ядомы / неядомы

kwaadaardig / vriendelijk

злы / добры

opgewonden / verveeld

узбуджаны / нудны

dik / dun

тоўсты / тонкі

eerst / laatst

першы / апошні

vriend / vijand

сябар / вораг

vol / leeg

поўны / пусты

hard / zacht

цвёрды / мяккі

zwaar / licht

важкі / лёгкі

honger / dorst

голад / смага

ziek / gezond

хворы / здаровы

illegaal / legaal

нелегальны / легальны

intelligent / dom

разумны / дурны

links / rechts

левы / правы

dichtbij / veraf

побач / далёка

nieuw / gebruikt

новы / былы ва ўжыванні

niets / iets

нічога / нешта

oud / jong

стары / малады

aan / uit

укл / выкл

open / dicht

адчынены / зачынены

stil / luid

ціхі / гучны

rijk / arm

багаты / бедны

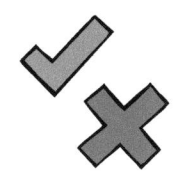

juist / fout

правільна / няправільна

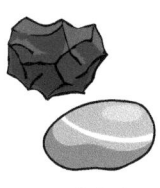

ruw / glad

шурпаты / гладкі

droevig / blij

сумны / шчаслівы

kort / lang

кароткі / доўгі

traag / snel

павольны / хуткі

nat / droog

вільготны / сухі

warm / koud

цёплы / халаднаваты

oorlog / vrede

вайна / мір

0

nul

нуль

1

één

адзін

2

twee

два

3

drie

тры

4

vier

чатыры

5

vijf

пяць

6

zes

шэсць

7

zeven

сем

8

acht

восем

9

negen

дзевяць

10

tien

дзесяць

11

elf

адзінаццаць

12

twaalf

дванаццаць

13

dertien

трынаццаць

14

veertien

чатырнаццаць

15

vijftien

пятнаццаць

16

zestien

шаснаццаць

17

zeventien

сямнаццаць

18

achtien

васямнаццаць

19

negentien

дзевятнаццаць

20

twintig

дваццаць

100

honderd

сто

1.000

duizend

тысяча

1.000.000

miljoen

мільён

мовы

Engels
англійская

Amerikaans Engels
англійская (Амерыка)

Chinees (Mandarijn)
кітайская мандарынская

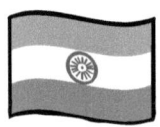

Hindi
хіндзі

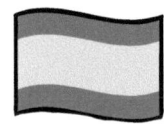

Spaans
іспанская

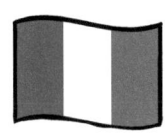

Frans
французская

Arabisch
арабская

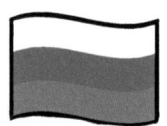

Russisch
руская

Portugees
партугальская

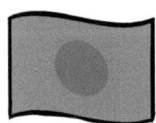

Bengali
бенгальская

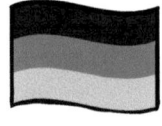

Duits
нямецкая

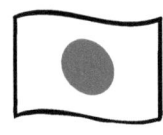

Japans
японская

ik
....
я

u
....
ты

hij / zij / het
....
ён / яна / яно

wij
....
мы

u
....
вы

ze
....
яны

wie?
....
хто?

wat?
....
што?

hoe?
....
як?

waar?
....
дзе?

wanneer?
....
калі?

naam
....
імя

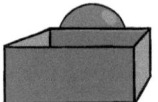

achter

за

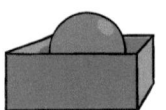

in

у

voor

перад

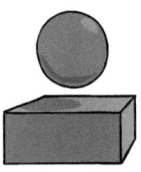

boven

над

op

на

onder

пад

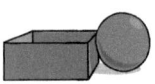

naast

каля

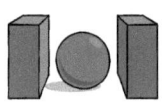

tussen

паміж

plaats

месца